CONSTITUTION

DE LA

RÉPUBLIQUE FRANÇAISE

A ADOPTER PAR

L'ASSEMBLÉE NATIONALE

DE FRANCE

PARIS

TYPOGRAPHIE ET LITHOGRAPHIE ÉDOUARD VERT,

Rue Notre-Dame-de-Nazareth, 29.

1871.

A L'INTELLIGENT

ET COURAGEUX

PEUPLE DE PARIS

Je viens vous soumettre cette importante question :

Entre deux camps opposés en prétentions diverses, que faut-il faire pour les concilier ?

Lisez, commentez, et, surtout, *raisonnez sérieusement,* très-sérieusement, le projet de Constitution de la République Française dont la teneur suit, ayant pour but :

L'Equilibre entre deux Puissances opposées : classe Riche et classe Laborieuse.

Et pour Résultat : L'UNION ! qui fait la force des Peuples !

Salut fraternel.

M^{tin} RUER,

2, Quai Jemmapes (Paris), où les adhésions sont reçues tous les Jours de 12 heures a 6 h.

CONSTITUTION

RÉPUBLIQUE FRANÇAISE

A ADOPTER PAR

L'ASSEMBLÉE NATIONALE

DE FRANCE.

En face de l'Univers, œuvre de **DIEU** ;

Et en présence des hommes qui résument en eux cette sublime trinité :

Le **GÉNIE**, la **RAISON**, qui juge ;

Le **GÉNIE** du **BIEN**, qui Guide ;

Et le **GÉNIE** du **MAL**, qui Contraint et stimule ;

Le **PEUPLE FRANÇAIS**, proclame par ses délégués :

1º Que la France est constituée en République pour être gouvernée par ceux-ci, réunis en Assemblée, qui prendra ce titre exemplaire et obligatoire : **ASSEMBLÉE DES JUSTES.**

Laquelle aura pour mission de maintenir les lois sociales établies, si elles sont conformes à l'équité ; de réformer celles qui y dérogeraient, et d'en faire de nouvelles ; de tenter à *équilibrer* les influences d'entre les deux classes qui composent le peuple français ainsi dénommés : Classee **Riche**, classe **Laborieuse**, et ainsi divisées en deux camps opposés par une nécessité absolue, qui se résume par une somme de travail à donner, procurant une **satisfactiou** aux besoins de la vie de chacun en particulier, ou, pour tous, s'il s'agit d'un **peuple**; d'où résulte *une solidarité parfaite pour les efforts communs de la part des deux classes;* car, l'une possédant le principal outil, *l'argent,* qui est un agent de force et de stimulation, **produit** un malaise *abusif,* s'il n'est utilisé dans l'*intérêt public;* or, elle se trouve obligée d'en agir ainsi ; et l'autre ne possédaut pas, soit parce qu'elle a été imprévoyante ou soit parce qu'elle est obligée par jeunesse, — doit, de son côté, en acquérir, par des efforts, *la légitime Propriété;* de là, autre obligation.

De ces obligations diverses résultent les discordes sociales que l'Aseemblée des **Justes** est appelée à régler d'une manière impartiale ; s'il en est ainsi, le règne de la justice compensée sera établi pour faire le bonheur relatif des peuples de l'*avenir* et du *présent.*

Cette Assemblée fera choix, parmi ses membres, de deux citoyens les plus dignes en capaoités et surtout en honnêtelés pour la présider ; l'un, prendra le titre de Président ou de *Grand-Juge,* chargé du pouvoir exécutif; et l'autre, de Vice-Président, chargé des mêmes pouvoirs par empêchements; elle restera, toutefois, toujours obligée à faire ce choix sans rien changer à l'harmonie d'un nombre égal imposé comme ci-après.

En adoptant cette forme de gouvernement, la France se propose de la constitner, par imitation, à celle immuable que la nature impose.

2° La **République** française est démocratique, *une et indivisible,* car *l'union fait la force.*

3° Elle aura pour but constant :

L'augmentation du bien-être général par le travail justement récompensé, et la sauvegarde de l'intégrité du sol et de son indépendance.

4° Elle a pour principe la *Liberté,* l'*Égalité* et la *Fraternité.*

5° Elle a pour base : *la famille,* qui ATTACHE, *le travail,* qui HONORE, et *la propriété,* qui RÉCOMPENSE.

6° Elle respecte les nationalités étrangères ; elle entend faire respecter la sienne ; n'entreprend aucune guerre dans des vues de conquêtes, et n'emploie jamais ses forces nationales contre la liberté d'aucun peuple.

7° Des devoirs réciproques obligent les citoyens envers la République, et celle-ci envers les citoyens ; mais la République doit protection et lumières à *tous*.

8° Les citoyens, *sans exceptions aucune*, doivent aimer la Patrie qui les nourrit et les protége, la défendre au prix de leur vie et participer aux charges de l'État en proportion de leur fortune ; ils doivent s'assurer, par le travail, des moyens d'existence, et, par la prévoyance, des *ressources* pour l'avenir ; ils doivent concourir au bien-être commun en s'entraidant les uns et les autres ; et à l'ordre général, en observant les lois morales et les lois écrites qui régissent la société.

9° La République doit procurer l'instruction gratuite à tous, dans la limite ordinaire et indispensable : hors de là, chacun restera libre de poursuivre et de l'augmenter, selon ses facultés et ses moyens de fortune.

10° Elle doit aide et appui à ceux qui se trouvent être dans l'impossibilité absolue de gagner leur existence.

En vue de l'accomplissement de tous ces devoirs et pour la garantie de tous ces droits, l'Assemblée des Justes décrète, en sa sagesse, ainsi qu'il suit, la Constitution de la République.

CONSTITUTION.

CHAPITRE Ier

De la Souveraineté.

Article Premier. La souveraineté réside dans l'universalité des citoyens formant le Peuple français.

Elle est inaliénable au profit d'un seul et de ses descendants.

Elle est à l'image de la puissance de Dieu d'où elle émane, et quiconque s'en emparera par violence ou supercherie, devra mériter le châtiment de celui infligé, selon les vérités connues, parce qu'il aura osé tenter Dieu lui-même pour se substituer à sa puissance, c'est-à-dire par le *mépris et le bannissement*.

CHAPITRE II

Droit des Citoyens garantis par la Constitution

Art. 2. Nul ne peut être arrêté ou détenu que suivant les prescriptions de la loi.

Art 3. La demeure personnelle est inviolable ; il n'est permis d'y pénétrer que selon les formes et dans les cas prévus par la loi.

Art. 4. Nul ne sera distrait de ses juges naturels ; il ne pourra être créé de commissions et de tribunaux exceptionnels pour cause que ce soit.

Art. 5. Quiconque tuera pour satisfaire son ambition personnelle en politique ou autres causes, méritera être tué. — Le châtiment immérité appelle le châtiment mérité.

Il sera fait une exception à cette terrible peine s'il est prouvé que c'est pour la défense de son honneur outragé, ou le cas de l égitime défense.

Art. 6. L'esclavage ne peut exister sur aucune terre française.

Art. 7. Chacun professe librement sa religion, et reçoit de l'État pour l'exercice de son culte une égale protection. Les ministres recevront un traitement de l'État avec *obligation expresse* de ne nuire en rien à la prospérité du gouvernement républicain.

Art. 8. Les citoyens ont le droit de s'associer, de s'assembler paisiblement et sans armes, de pétitionner, de manifester leurs pensées par la voie de la **Presse**, pourvu toutefois qu'elles ne soient pas contraire à la morale, ni à la vérité des faits avancés ; autrement elles seront soumises à la vindicte publique comme contraires aux intérêts et principes d'ordre en général.

Art. 9. L'enseignement est libre, ponrvu toutefois qu'il soit conforme aux principes moraux que la nature impose ; il sera fait sous la surveillance de l'État.

Art. 10. Tous les citoyens sont admissibles à tous les emplois, sans autre préférence que *leur mérite*.

Art. 11 Sont abolis, à toujours, tous les titres nobiliaires qui n'ont été établis et créés que pour satisfaire des ambitieux et des orgueilleux ; conséquemment nuisibles à la fraternité, l'un des trois principes républicains.

Art. 12. Toutes les propriétés sont inviolables ; néanmoins, l'État peut exiger le sacrifice d'une propriété pour cause d'utilité publique légalement constatée et moyennant une juste et préalable indemnité.

Art. 13. La confiscation des biens ne sera permise que contre tous ceux qui abuseront de la confiance qui leur est accordée , surtout contre les mandataires chargés des intérêts matériels et politiques de la République et du peuple français.

Art. 14. La République garantit aux citoyens la liberté du travail en général ; elle leur promet aide et protection par création de caisses de crédits.

Art 15. Tous travaux publics ne seront confiés qu'à des entrepreneurs d'une notoire capacité, et qu'après le tirage fait entr'eux qui déterminera ainsi ce choix.

Art. 16. La dette publique est garantie.

Art. 17. Tout impôt est établi pour l'utilité commune. — Chacun y contribuera en proportion de ses facultés et de sa fortune .

Art. 18. Aucun impôt ne peut être établi ni perçu qu'en vertu de la loi.

Art. 19. L'impôt direct n'est consenti que pour un an. — Les impositions indirectes ne peuvent être consenties que pour le même espace de temps.

CHAPITRE III

Des Pouvoirs publics

Art. 20. Tous les pouvoirs publics, quels qu'ils soient, émanent de la République. Ils ne peuvent être héréditaires.

Art. 21. La séparation des pouvoirs est la première des conditions d'un gouvernement libre.

CHAPITRE IV

Du pouvoir Constitutif et législatif

Art. 22. Le peuple français délègue les pouvoirs constitutifs et législatifs à une assemblée unique.

Art. 23. Le nombre total des délégués du peuple sera de 500, y compris ceux de l'Algérie et des colonies françaises.

Art. 24. L'élection a pour base la population.

Art. 25. Le suffrage est direct et universel; le scrutin est publique, car il n'y a rien de contraire qui l'oblige a être secret.

Art. 26. Sont électeurs sans conditions de sens tous les Français âgés de 21 ans, et jouissant de leurs droits civils et politiques.

Art. 27. Sont éligibles sans conditions de domicile, les électeurs âgés de 30 à 60 *ans seulement, âge où l'esprit est contenu par un équilibre réel de forces et d'expériences.*

Les exceptions seront établies sur ce sujet par une loi organique.

Art. 28. L'Assemblée aura pour mission d'établir :

1º La constitution du pacte social ;

2º De créer et voter des lois.

Art. 29. L'élection des délégués se fera par départements au scrutin de liste, à la *majorité relative* et non autrement, attendu que, obliger un électeur à se déranger de ses travaux si nécessaires à la vie commune ou à sa vie particulière, c'est un sacrifice que les travailleurs ne peuvent toujours être à même de faire.

Cependant le devoir naturel est imposé, il faut se présenter pour manifester le choix de ses délégués par un vote. Cette mission est d'une importance *extrême* puisqu'il s'agit de nommer ou choisir un ou plusieurs défenseurs qui auront pour le présent ou dans l avenir, à faire des lois sociales, dont chacun d'eux aura à subir les effets *bon gré* ou *malgré*, même ses descendants.

Les Électeurs voteront au chef-lieu du canton.

Ils auront à faire choix, s'ils se trouvent être de la classe laborieuse d'un délégué dont la profession de foi à faire comme ci-après est la plus conforme au soutien de leur cause et de leurs intérêts, en restant cependant libres de voter pour un délegué de l autre classe *et vice versa*.

Le nombre des délégués à nommer étant de 500, moitié, soit 250, feront partie de la *droite* avec obligation de défendre les intérêts de ceux qu'ils représentent ; et l'autre moitié, soit 250, feront partie de la *gauche*, pour défendre les intérêts de ceux qu'ils représentent.

A cet effet, une ou plusieurs listes circuleront parmi les électeurs portant cette indication :

Candidats de la classe du côté droit.

Candidats de la classe du côté gauche.

Le nombre des votans quoique inégal du côté de la classe riche, parce que le nombre en est moins grand, les délégués par eux choisis devront avoir la même influence.

En résumé, le chiffre des votants, selon le mode de votation à la majorité relative, ne portera réellement que sur ceux des candidats qui auront obtenu le plus de voix, d'un côté comme de l'autre.

Des candidats qui auront obtenu un nombre égal de voix, d'un côté comme de l'autre, au plus âgé sera dévolu la préférence

Le nombre des délégués sus-fixé sera réparti selon la quantité des nombres d'habitants par chaque département, et par les Colonies y compris l'Algérie, sans nuire au chiffre egal imposé.

De cette puissance en nombre égal il en découlera indubitablement un équilibre parfait et de Concorde pour la votation des charges sociales et des droits à défendre.

Art. 30. L'assemblée des délégués devra prendre aussitôt sa formation complète d'admission, ce titre : *Assemblée des Justes* ; elle est élue *pour 6 ans* et se renouvelle intégralement 2 mois avant la fin de la Législative.

Une loi déterminera cette époque, laquelle sera votée par l'Assemblée à remplacer, qui aura à fixer le jour où la nouvelle entrera en séance.

Pour le Grand-Juge et son Vice-Président, il en sera de même.

Art. 31. L'Assemblée ainsi nommée est permanente. Néanmoins, elle peut s'ajourner à un terme qu'elle fixe. — Pendant la durée de la prorogation, une commission composée des membres du bureau et de 25 délégués nommés par l'Assemblée à la majorité relative et au scrutin public, a le droit de la convoquer en cas d'urgence. — Le Grand Juge ou le Vice-Président ont aussi le droit de convoquer l'Assemblée.

L'Assemblée détermine le lieu de ses séances ; elle est placée sous la sauvegarde de la nation armée. Si ses actes sont conformes à l'équité, le peuple sera son défenseur naturel.

Art. 32. Les délégués seront toujours rééligibles.

Art. 33. Dans le but de moralisation, et pour éviter toute idée d'ambition personnelle, entraînant *toujours* le *sacrifice de l'intérêt général*, qui est dépendant d'un devoir sacré, tous délégués qui abuseront ainsi de la conscience qui leur est accordée, s'exposeront au bannissement et à la confiscation de leurs biens au prfiot de l'État. La mission est sérieuse ou ne l'est pas, et quicon, que en abusera méritera le châtiment auquel il s'expose.

Une Chambre de discipline, composée de dix membres, nommée par l'Assemblée et pris en son sein, aura à examiner sur les dénonciations faites contre le délinquant.

Or donc, le mandat sera impératif.

Art 34. Les délégués seront inviolables parce qu'il est nécessaire de les rendre indépendants pour manifester leur opinion librement, sauf le cas d'infraction à l'obligation sus-énoncée.

Art. 35. Chaque délégué reçoit une indemnité à laquelle il ne peut renoncer, qui est fixée à **12,000** fr. par an. L'équité veut que tout homme qui sacrifie ses intérêts personnels soit rétribué en raison de sa position et de ses mérites, lorsqu'il fait abnégation de ceux-ci, *dans un intérêt général.*

Art. 36. Les séances de l'Assemblée sont publiques. — Néanmoins, l'Assemblée peut se former en Comité secret sur la demande du nombre des délégués à fixer par le règlement.

Chaque délégué a le droit d'initiative parlementaire ; il l'exercera suivant les formes déteterminées par le règlement.

Art. 37. Toutes lois peuvent être votées à la majorité relative, mais à la condition expresse qu'un nombre égal du côté gauche et du côté droit soit en présence pour en délibérer, *sauf à élaguer,* pour égaliser le nombre du côté inverse présent.

Le *Grand-Juge* ou le Vice-Président, qui remplace en cas d'absence, aura toujours voix prépondérante en cas de partage sur les opinions.

Art. 38. Toute proposition ayant pour objet de déclarer l'urgence, est précédée d'un exposé de motifs ; si l'Assemblée est d'avis de donner suite à cette proposition, elle en ordonne le renvoi dans les bureaux et fixe le moment ou le rapport sur l'urgence lui sera présenté, sur icelui ; — Si l'Assemblée reconnaît l'urgence, elle le déclare et fixe le moment de la discussion ; au cas contraire, cette propostion rentre à son tour de rôle.

Cette manière de voter est, en tout, conforme au principe déjà admis par la loi des 5 Juin et des 27 Mai 1848 (Bulletin des Lois 39, n° 436), établie pour faire choix d'un nombre égal des **Juges** aux conseils de **Prud'Hommes de France** qui ont été créés dans ce but : juger les intérêts et prétentions opposés entre deux parties.

Ce tribunal, quoi qu'on en puisse dire, est de la plus *sublime conception faite à ce jour* ; et vouloir que le premier Tribunal du *Peuple Français,* qui doit embrasser les *grandes questions sociales,* soit établi et composé de la manière, c'est accomplir en *vérité un grand acte de Justice.*

CHAPITRE V

Du Pouvoir Exécutif

Art. 39 Le Peuple Français, confiant en ses délégués, donne à ceux-ci, réunis en assemblée générale, le droit de faire choix parmi eux de deux Citoyens, reconnus être les plus dignes en capacités et d'honnêtetés ; lesquels seront choisis : l'un, du côté de la droite, et l'autre, du côté de la gauche.

Le premier, portera le titre dignitaire de : Grand-Juge de la République Française, chargé du pouvoir exécutif.

Et le deuxième, portera celui de Vice-Président de la République, substituant en cas d'absence ou d'empêchements quelconques.

Art. 40. Le Grand-Juge et le Vice-Président sont élus pour six ans et sont rééligibles pour *récompense des services réellement ren - dus*, s'il en est ainsi, toutefois.

Art. 41. Avant d'entrer en fonctions, ils prêteront au sein de l'Assemblée des Justes, le serment dont la teneur suit : *En présence de* **DIEU** *et en présence du Peuple Français, représenté par ses délégués*, et dont nous faisons partie nous-mêmes, nous *jurons* de rester fidèles à la République démocratique, *une et indivisible*, par esprit *d'union*, et de remplir tous les devoirs que nous impose la Constitution.

Art. 42. Il a le droit de faire présenter des projets de lois à l'Assemblée des Justes, par les Ministres. Il en surveille et assure l'exécution, lorsqu'elles sont votées et promulguées.

Art 43. L'Assemblée séule a le droit de disposer des forces nationales, s'il s'agit de la défense de la Patrie.

Elle aura seule le droit de déclarer la guerre par un vote affirmatif ou négatif. — Au cas affirmatif, le Grand-Juge sera chargé, avec le concours de ses Ministres, d'en poursuivre le but, à charge d'en référer à l'Assemblée à toute réquisition.

Art. 44. Le Grand-Juge ne pourra conclure la paix sans en référer à l'assemblée.

Art. 45. Il présente chaque année, par un message à l'Assemblée, l'exposé de l'état général des affaires de la République.

Art. 46. Il négocie et ratifie les traités ; aucun traité n'est définitif qu'après avoir été approuvé par l'Assemblée.

Art. 47. Il veille à la défense de l'État.

Art. 48. L'Assemblée a seule le droit de faire grâce de vie et de mort.

Art. 49. Le Grand-Juge promulgue les lois au nom du Peuple Français.

Art. 50. Les lois d'urgence sont promulguées dans les trois jours, et les autres dans le mois écoulé.

Art. 51. Les Ambassadeurs des puissances étrangères sont accrédités auprès du Grand-Juge.

Art. 52. Le Grand-Juge préside aux solennités nationales.

Art. 53. Il est logé aux frais de la République au Palais des Tuileries même, comme *Grand Citoyen d'État*, et reçoit un traitement *annuel de trois millions de francs*, en récompense d'importants services auxquels il est soumis.

Art. 54. Il nomme et révoque les Ministres. Il nomme et révoque en Conseil de ceux-ci, les Agents diplomatiques, les Commandants en chefs des armées de terre et de mer, les Gouverneurs de l'Algérie et des Colonies, les Commissaires des chefs-lieux des départements et les Procureurs généraux et autres fonctionnaires d'un ordre supérieur.

Il nomme sur la proposition des Ministres compétants, les Agents secondaires du gouvernement de la République.

Art. 55. Le nombre des Ministres et leurs attributions seront fixés par l'Assemblée des Justes.

Art. 56. Les actes du Grand-Juge, autres que ceux pour lesquels il nomme et révoque les Ministres, n'ont d'effet que s'ils sont contre-signés par un Ministre.

Art. 57. Le Grand-Juge, les Ministres, les Agents et dépositaires de l'autorité publique, sont responsables, chacun en ce qui le concerne, de tous les actes du Gouvernement et de l'Administration.

Art. 58. Quoiqu'il en soit, le *Grand-Juge* restera toujours soumis à la volonté de l'Assemblée des Délégués qui ne peuvent déléguer eux-mêmes plus de droits qu'ils n'en n'ont reçus. — Il restera soumis aux peines disciplinaires, établies ci-dessus, s'il est reconnu être indigne de continuer l'importante mission qui lui est confiée.

Art. 59. Les ministres ont entrée dans l'Assemblée des Justes ; Is sont entendus toutes les lois qu'ils le demandent.

Paris. — Edouard Vert, imp., rue N.-D.-de-Nazare'n, 19.

www.ingramcontent.com/pod-product-compliance
Lightning Source LLC
Chambersburg PA
CBHW061857080726
47597CB00010BA/4258